THÈSE

POUR LE DOCTORAT.

L'acte public sur les matières ci-après sera soutenu le vendredi, 3 avril 1846, à 11 heures,

Par Louis-Eugène-Henry AVISSE, né à Dreux.

Président, M. DE PORTETS, professeur.

SUFFRAGANTS, { MM. DURANTON, DU CAURROY, ORTOLAN, } PROFESSEURS.
VUATRIN, suppléant,

Le Candidat répondra en outre aux questions qui lui seront faites sur les autres matières de l'enseignement.

PARIS,

DE L'IMPRIMERIE DE CRAPELET,

RUE DE VAUGIRARD, 9.

1846.

A MON PÈRE et A MA MÈRE.

———

A M. AVISSE aîné,

PRÉSIDENT DU TRIBUNAL DE COMMERCE DE DREUX.

———

A M. AVISSE (auguste),

ANCIEN PRÉSIDENT DU TRIBUNAL DE COMMERCE DE DREUX.

JUS ROMANUM.

DE PECULIO.

Dig., lib. XV, tit. Ier.)

Peculium dictum est, quasi pusilla pecunia sive patrimonium pusillum, quod filiusfamilias vel servus, patris aut domini permissu, separatum a rationibus dominicis habet; quæ definitio nobis videtur ad vicariorum peculia pertinere. — Ex ea apparet, non quid servus ignorante domino habuerit, peculii esse, sed quid volente. Scientia autem domini non debet in singulis rebus consistere, sufficit ut παχυμερέστερον, id est, pinguius, cognoscat.

Peculium nascitur ex re domini, vel ex re extranei. Ex re domini, cum dominus rem tradidit aut voluit rem quæ apud servum erat pro tradita haberi; ex re extranei, cum servus acquisiit quod dominus necesse non habet præstare, sive parcimonia sua paraverit, sive officio meruerit a quolibet sibi donari.

In peculio autem res esse possunt, et mobiles, et soli; servi quoque, qui vocantur vicarii, et vicariorum peculium. Hoc amplius et nomina debitorum; sed et id quod dominus, servo suo debet in peculium imputabitur; si forte in domini rationem impendit servus, et dominus ejus debitor manere voluit, aut si debitorem ejus dominus convenit. Si damnum servo dominus dederit, in peculio hoc non erit, non magis quam si subripuerit, sed si conservus dedit damnum vel subripuit, in peculium videtur haberi; nam si quid dominus ab eo qui rem peculiarem subripuit, vel consecutus est, vel consequi potest, hoc erit in peculium imputandum.

Libera administratio peculii necessario ad eum cujus peculium est, non videtur pertinere; nam videmus impuberes, filiosfamilias vel servos peculium habentes; specialiter a domino, nisi pupillus vel furiosus sit concedenda est. Curator furiosi administrationem peculii et dare, et denegare potest, tam servo furiosi quam filio.

Paterfamilias materque familias peculium constituere possunt; pupilli furiosi quoque habent; si vero antequam pupillus sui juris factus fuerit vel ante furorem, a patre pupilli aut furioso constitutum fuerit; nam ex his causis non adimetur peculium, ex sententia Ulpiani qui putat, quamvis alii dissentiant, non esse opus concedi peculium a domino servum habere, sed non adimi ut habeat. Hereditas quoque peculio quod servus possidet hereditarius fruitur.

Quamvis verba edicti solum de servo loqui videntur, ancillæ tamen peculium datur; nec magis spectandum est dominium servorum quam facultas habendi eos.

Discrimen inter filium et servum ponendum est, si cognoscere velimus quibus in casibus de peculio actio nascitur.

Cum de filio agitur, prodita est actio de peculio ex omni contractu civili aut honorario, quasi ex contractu, sive fidejusserit vel compromiserit, sive condemnatus fuerit.

Non idem est de servo; ex certis contractibus de peculio actio denegatur; nam si fidejusserit vel alias intervenerit, vel mandaverit, causa fidejubendi vel mandandi erit spectanda; si igitur quasi intercessor servus intervenerit, non rem peculiarem agens, non obligabitur dominus de peculio.

Si servus pro libero gesserit et compromiserit, compromissum non valet, et de peculio actio ex pœna compromissi prodita non est.

Actio de peculio ex delicto vel quasi ex delicto filii aut servi erit, sed solum in quantum locupletior pater dominusve factus est.

Actio competit eis qui contraxerunt vel damnum passi sunt.

Prodita est, sive nomine filii sive nomine ordinarii servi, sive vicarii contra patrem, et cujuscunque ætatis aut sexus dominum, ac quos vis peculii possessores; in servum ipsum, si domino heres extiterit, pro parte hereditaria, dum filius in solidum patiatur, quamvis heres pro parte institutus.

Inter heredes dominie jusdem actio dividitur. Coheredes agere inter se de peculio possunt, si unus ex his heredibus cum servo contraxerit; inter socios contra actio non valet.

Permittendum est contrahentibus cum quo velint dominorum in solidum experiri.

Si servus alienatus sit, quamvis in eum qui alienaverit intra annum prætor de peculio actionem polliceatur, nihilominus tamen, et in novum dominum erit actio.

In adrogatorem quoque de peculio agitur.

Tendit hæc actio ad id ut præstetur quatenus est in peculio, cujus quantitas inspicienda tempore rei judicatæ et non tempore litiscontestatæ; nos autem arbitramur, non solum de peculio conveniri posse, sed et si quid præterea dolo malo domini patrisve captus fraudatusque actor est. Videtur autem dolo facere dominus, qui cum haberet restituendi facultatem, non vult restituere.

Peculium autem computandum est, deducto eo quod domino patrive debetur, nec non ullis quos hi in sua potestate habent, quorumve negotia tanquam negotiorum gestores, tutores, curatores, procuratores, aliove simili modo gerant.

In his casibus pater dominusve prævenisse, et cum servo aut filio egisse videtur. Creditor servi, cui heres extiterit domino ejus deducit de peculio quod sibi debetur, si conveniatur, sive libertatem servus acceperit, sive non. Idemque et si legatus sit pure servus; nam quasi prævenerit et ipse secum egerit, sic deducit quod sibi debetur, licet nullo modo dominium in manumisso vel legato pure habuerit.

Non solum autem quod ei debetur qui convenitur deducendum erit, verum etiam si quid socio ejus debetur.

Quod autem deduci debere diximus, id quod debetur ei qui de peculio convenitur, ita accipiendum est, si non hoc aliunde consequi potuit.

In actione de peculio, occupantis melior est conditio, occupare autem videtur, non qui prior litem contestatus est, sed qui prior ad sententiam judicis pervenit.

DE IN REM VERSO.

(*Dig.*, lib. XV, tit. III.)

Hæc actio a prætore introducta est, jure civili deficiente, quia contra æquitatem visum fuit dominum patremve cum alterius jactura reddi locupletiorem; quare edictum statuit ut, si hi qui alieni juris sunt, nihil in peculio habent, vel habeant, non in solidum tamen, teneantur qui eos in potestate tenent, si in rem eorum quod acceptum est, conversum sit : quasi cum ipsis potius contractum videatur. Recte dicimus totiens de in rem verso esse actionem, quibus casibus procurator mandati, vel qui negotia gessit, negotiorum gestorum haberet actionem, quotiensque aliquid consumpsit servus, ut aut meliorem rem dominus habuerit aut non deteriorem.

Datur autem illis qui in rem patris vel domini crediderunt filio aut servo; contra patrem vel dominum licet pupillum aut furiosum.

Ad id tendit ut præstetur quatenus in rem versum sit, sive ratum habuerit contractum dominus vel pater, sive non. In hoc titulo maxime quærendum est quid sit in rem versum.

Non sufficit in rem patris acceptum esse, sed et versum esse debet. Non idem est de actione exercitoria vel institoria in quibus satis est ut in usus navigii vel tabernæ ab initio, creditum fuerit, dum de cætero eventus non spectetur si tamen servus in rem domini pecuniam mutuatus sine culpa eam perdidit, nihilominus potest cum domino de in rem verso agi.

Nec de peculio actio datur ultra quam versum est, sed necesse non est ut et duret utilitas.

In rem autem versum videtur, sive id ipsum quod servus accepit in rem domini servus convertat, sive peculiariter mutuatus, postea in rem domini vertat, quamvis ab initio non sit in rem domini acceptum; nec satis est, ut dominus de in rem verso teneatur, rem in peculio esse.

De in rem verso actio ei solum tribuitur qui id ipsum credidit, quod in rem domini versum est. Mutua pecunia in rem domini versa esse dicetur, si servus rem necessariam vel utilem domino emit, vel alias quæ ad voluptatem pertinent, volente domino. Et ita demum de in rem verso competit actio, si non sit a domino servo solutum vel filio; animadvertendum est rei peculiaris debitorem, si fraudulenter servo solverit quod ei debetur, non liberari.

Si servus mutuatus nummos alii eos crediderit, de in rem verso dominus tenetur, quod nomen ei adquisitum est, sed si dominus non putat sibi expedire nomen debitoris habere, cedat creditori actiones, procuratoremque eum faciat. Quod servus in hoc mutuatus fuerit ut creditore suo solveret, non erit in rem versum, quamvis actione de peculio liberatus sit dominus.

Si in rem alterius ex dominis versum sit, dicemus eum solum conveniri posse, in cujus rem versum est, nisi de peculio agi possit.

Si contractum fuerit cum Sticho vicario Pamphyli, actio de peculio et in rem verso ita dari debet, ut quod vel in domini rem, vel in peculium Pamphyli versum sit, comprehendatur : scilicet etiam si mortuo vel alienato Sticho agatur.

Quamvis alioquin major utilitas in hac actione quam in de peculio actione resideat, quod ultra annum utilem ab extincto peculio duret perpetua, competatque cum peculium sine dolo malo ademptum est et in concursu creditorum is qui de in rem verso agit, potior sit, imo et ipsi domino, tamen aliquandiu commodius erit de peculio agi, quia in actione de in rem verso dominus solum hactenus tenebitur quatenus versum fuerit, et quod actori aliquid in rem versum esse probandum erit.

QUÆSTIONES.

Première question. — Una actione potestne agi de peculio deque in rem verso? — Potest agi.

Deuxième question. — Si dominus pro servo fidejusserit, neque quicquam domino absit, num potest deducere ? — Oportet eum præstare creditori, dum ille caveat.

Troisième question. — Actiones quod jussu, executione, institoria tributoria, de peculio, de in rem verso inutiles fiunt per condictionem in iisdem casibus datam.

DROIT FRANÇAIS.

LIVRE III.

TITRE V.

DU CONTRAT DE MARIAGE ET DES DROITS RESPECTIFS DES ÉPOUX.

DISPOSITIONS GÉNÉRALES.

Le contrat de mariage est la convention par laquelle les futurs époux règlent leurs rapports quant à leurs biens. Les époux peuvent s'y faire des libéralités; il arrive souvent que des tiers interviennent dans ce contrat pour donner aux futurs époux ou à l'un d'eux, et disposer tant à leur profit qu'au profit des enfants à naître du mariage.

Ce contrat est traité par le législateur avec la plus grande faveur; aussi ne force-t-il pas les époux de choisir un des régimes particuliers qu'il a rédigés, et permet-il d'adopter certaines clauses qui eussent été prohibées partout ailleurs. Néanmoins, les contractants sont toujours tenus de se conformer aux dispositions prohibitives de la loi dont ils n'ont pas été spécialement affranchis, et ils ne peuvent faire de stipulations qui seraient contraires à l'ordre public et aux bonnes mœurs (art. 1388, 1389, 1390).

Les divers régimes prévus par le Code, et sous lesquels les époux peuvent se placer, se divisent en quatre classes bien distinctes :

1° Régimes de communauté;

2° Régime sans communauté;

3° Régime de séparation de biens;

4° Régime dotal.

Entre le régime dotal qui dominait dans les provinces méridionales, et les régimes de communauté qui étaient le plus en usage dans les pays coutumiers, le législateur a choisi un de ces derniers pour droit commun de la France; de là une subdivision des régimes de communauté en deux classes.

1° Régime de commnauté légale, c'est-à-dire, régime sous lequel les époux se trouvent placés à défaut de stipulations spéciales; ils peuvent encore s'y référer en déclarant simplement dans leur contrat de mariage qu'ils entendent se marier sous le régime de communauté ;

2° Régimes de communauté conventionnelle.

Nous avons à examiner les règles relatives aux régimes de communauté soit légale soit conventionnelle, et celles qui constituent le régime exclusif de communauté et le régime de séparation de biens : ce qui fera l'objet de quatre chapitres.

Avant d'exposer successivement ces différents régimes dans l'ordre que nous venons d'indiquer, nous allons voir quelques principes généraux qui leur sont applicables ainsi qu'au régime dotal.

Ces principes sont relatifs à la manière dont les conventions doivent être rédigées, à l'époque où elles doivent être faites, et à la capacité des parties.

Toute convention matrimoniale doit être rédigée en minute par acte devant notaire avant mariage. L'écrit notarié est exigé *ad solemnitatem,* nous le rangerons dans la classe des actes pour lesquels la loi du 21 juin 1843 n'exige pas la présence du notaire en second ni des deux témoins instrumentaires lors de la réception de l'acte.

Les conventions matrimoniales sont subordonnées au mariage; leurs effets dépendent ainsi de la volonté de l'une ou de l'autre des parties; les clauses peuvent donc en être changées jusqu'à l'époque du mariage. Les changements doivent être constatés par acte passé dans la même forme que le contrat de mariage, et ils ne sont valables qu'autant qu'ils ont été faits en la présence et avec le consentement simultané de toutes les personnes *qui ont été parties* dans le contrat.

Ajoutons que les époux ne peuvent invoquer contre les tiers ces changements, fussent-ils faits par acte notarié, quand ils n'ont pas été rédigés à la suite de la minute du contrat de mariage ; il y a faute de leur part dans ce cas. Il n'en serait plus de même si, cette formalité étant remplie, le notaire a omis de les transcrire sur les grosses ou autres expéditions du contrat de mariage ; les changements produiraient alors tout leur effet à l'égard des tiers, sauf le droit pour ceux-ci de se faire indemniser par le notaire du préjudice qui peut résulter de cette négligence.

Il faut, en outre, si l'un des époux est commerçant, que le contrat de mariage reçoive une certaine publicité déterminée par les articles 67, 68 et 69 du Code de commerce.

La loi, pour favoriser les mariages, relève les mineurs de l'incapacité dont les frappaient les articles 1124, 903 et 904 du Code civil ; *habilis ad nuptias, habilis ad nuptiarum consequentias.*

Mais les conventions et donations faites dans le contrat de mariage ne seront valables, qu'autant que le mineur aura été assisté des personnes dont le consentement est nécessaire pour la validité du mariage.

Toute convention faite sans l'assistance requise par la loi, est annulable pour simple lésion ; l'action en nullité se prescrit par dix ans, qui ne commencent à courir qu'à partir de la dissolution du mariage (art. 1304, 2253).

Les prodigues, les faibles d'esprit, ne pourront faire ces conventions spéciales sans l'assistance du conseil.

Les conventions matrimoniales produisent leurs effets, à compter du jour du mariage devant l'officier de l'état civil, et ne peuvent recevoir aucun changement après la célébration du mariage. Les changements faits par les époux, contrairement à cette prohibition, sont nuls. Nous n'admettons pas l'opinion de M. Toullier, qui les considère comme des libéralités révocables au gré de l'époux qui a avantagé l'autre. L'article 1097 s'oppose à cette solution.

CHAPITRE PREMIER.

DE LA COMMUNAUTÉ LÉGALE.

Tout régime de communauté, soit légale soit conventionnelle, n'est qu'une société particulière dont les conjoints sont les associés. Toute société donne lieu nécessairement à l'examen de ces questions :

1° De quoi se compose l'actif de la société et quel sera son passif;

2° Par qui et comment elle est administrée;

3° Comment elle se dissout;

4° Comment se répartiront l'actif et le passif entre les associés, après la dissolution.

Cette quatrième question ne se présente pas nécessairement en matière de communauté, à raison de la faculté toute spéciale accordée à la femme de s'affranchir des dettes de la société en y renonçant.

Nous verrons donc dans une section quatrième, avant d'aborder les règles relatives à la répartition de l'actif et du passif de la communauté entre les époux, comment la femme peut user de cette faculté d'accepter la communauté ou d'y renoncer; dans une section cinquième, quels sont les effets de l'acceptation, et comment se répartiront alors l'actif et le passif; dans une section sixième, nous traiterons des effets de la renonciation; c'est, du reste, l'ordre adopté par le Code civil.

SECTION PREMIÈRE.

De ce qui compose la communauté activement et passivement.

§ 1er. *De l'actif de la communauté.*

La communauté se compose activement :

1° De tous les meubles corporels ou incorporels appartenant aux époux au jour de la célébration du mariage, et de tous ceux qu'ils acquièrent pendant l'existence de la communauté, à quelque titre que ce soit. Quand l'acquisition résulte d'une libéralité entre-vifs ou testamentaire, le donateur ou testateur peut exprimer sa volonté que le meuble soit exclu de la communauté, sans qu'en cela il porte atteinte au principe de l'article 1395 du Code civil.

2° De tous les fruits provenant des biens propres des époux ; la communauté les acquiert jour par jour, si ce sont des fruits civils, et par la perception pendant la communauté, si ce sont des fruits naturels ou industriels. Quant aux objets dont la nature est telle qu'ils se consomment par l'usage, la communauté aura les mêmes droits qu'un usufruitier ordinaire ; elle pourra les consommer, sauf à en rendre de la même espèce, et s'il y a eu estimation, leur valeur (art. 587). En un mot, les principes de l'usufruit seront applicables à la jouissance de la communauté.

Nous remarquerons, néanmoins, une dérogation aux règles de l'usufruit dans la deuxième partie de l'article 1403, et dans l'article 1437, quant aux dépenses faites par la communauté pour la conservation et l'amélioration des biens personnels de l'un des époux.

Ces dérogations s'expliquent par cet autre principe, que le législateur prohibe les avantages indirects entre époux ; la faculté de révoquer serait sans cela d'un exercice moins facile (art. 1096).

3° De tous les biens, meubles ou immeubles, acquis à titre onéreux moyennant l'aliénation de biens appartenant à la communauté.

De la règle que nous venons d'exposer ressortent deux principes :

1ment Seront propres de communauté, les biens immobiliers qui appartiennent aux époux au jour de la célébration du mariage ; il suffira même, pour qu'il en soit ainsi, que l'époux ait eu la possession de cet immeuble à titre de propriétaire à l'époque du mariage (1402 C. c. .

A plus forte raison rangerons-nous dans la classe des biens propres, les immeubles sur lesquels l'un des époux avait un droit de propriété subordonné à une condition.

2ment Seront propres de communauté, les biens immeubles acquis par l'un ou par l'autre des époux, pendant la communauté, à titre de succession ; ceux donnés à l'un des deux époux ; ceux acquis moyennant l'aliénation de biens propres à chacun des époux (articles 1404, 1405, 1407, 1434, 1435 C. civ.).

Pour que l'immeuble ainsi acquis, en remplacement de l'immeuble aliéné, soit propre, il n'est pas nécessaire que l'aliénation et l'acquisition résultent du même acte ; le remploi peut être postérieur à l'aliénation, conformément aux articles 1434 et 1435.

Tout immeuble dont l'origine est incertaine est réputé acquêt de communauté ; c'est à l'époux qui prétend que cet immeuble est propre, à en faire la preuve (art. 1402).

La règle posée sur le 3° pour les immeubles souffre des exceptions comme les deux principes qui en sont la conséquence.

La première règle qui fait tomber dans la communauté tous les biens acquis à titre onéreux moyennant l'aliénation de biens appartenant à la communauté, souffre exception dans les cas des articles 1406, 1407, 1408 du Code civil.

L'immeuble que le père, la mère, ou tout autre ascendant donne à l'un des époux, en payement de ce qui lui est dû, quoique la créance soit tombée dans la communauté, reste propre à cet époux, sauf récompense envers la communauté. On voit dans cette véritable dation en payement, un arrangement de famille qui fait présumer que l'aliénation de l'immeuble est faite en avancement d'hoirie.

L'immeuble cédé par les mêmes personnes, mais à la charge de payer les dettes dont l'ascendant est tenu envers les étrangers, n'entre pas davantage dans la communauté (art. 1406). Mais dans cette dernière hypothèse, il y a lieu plutôt de s'étonner que le législateur ait cru nécessaire de le dire ; car, quoi qu'on dise, il y a là tous les caractères d'une donation faite *sub modo*. Cette disposition s'expliquerait par la manière dont le législateur a suivi Pothier. Ce jurisconsulte parlait de ce cas, parce que, dans l'ancien droit, contrairement à la règle admise dans le Code civil, les immeubles provenant de donations tombaient en communauté ; mais il y avait exception pour les donations faites par les ascendants ; les immeubles ainsi donnés étaient propres de communauté, parce que, n'ayant été donnés que comme avancement d'hoirie, ils devaient être rapportés. Aussi ne considérons-nous pas cette deuxième hypothèse comme une exception à notre premier principe, mais comme une application pure et simple de notre troisième règle.

Nous trouvons une deuxième exception à notre principe dans le cas de l'article 1407 quand il y a soulte, quoique la soulte ait été payée avec des deniers puisés dans la caisse de la communauté.

Nous trouvons une troisième exception à notre principe dans le cas de l'article 1408. Cet article ne distinguant pas, on peut supposer qu'il s'agit d'une indivision soit antérieure soit postérieure à la célébration du mariage ; il déclare que l'acquisition faite pendant le mariage à titre de licitation ou autrement d'une portion de l'immeuble qui n'appartenait pas à l'époux acquéreur, ne forme pas un conquêt, sauf indemnité à la communauté.

Si l'indivision est antérieure au mariage, l'effet déclaratif de la licitation rattache notre disposition à la règle du 3° ci-dessus énoncée ;

Si elle est postérieure au mariage, l'article 1408 ne s'explique guère que par cette autre idée que le législateur a voulu éviter autant que possible l'indivision entre les époux et la communauté.

Si le mari devenait seul, en son nom personnel, acquéreur ou adjudicataire de tout ou partie d'un immeuble appartenant par indivis à la femme, celle-ci, lors de la dissolution de la communauté, a le choix, ou d'abandonner l'immeuble à la communauté, qui devient alors débitrice envers la femme de la portion du prix correspondante à sa portion indivise dans l'immeuble, ou de se faire délivrer l'immeuble en remboursant à la communauté ce qu'elle a payé aux tiers.

Elle ne peut renoncer, pendant la communauté, à cette faculté d'exercer le retrait, et l'aliénation de l'immeuble qu'aurait faite le mari ne peut lui être opposée.

Le principe exposé sur le 1^{ment} ne s'applique pas à l'immeuble qui aurait été acquis par l'un des époux depuis le contrat de mariage contenant stipulation de communauté, mais avant la célébration du mariage ; la crainte des fraudes justifie cette exception (1404, 11e alinéa) ; n'étendons pas cette dérogation au cas inverse, c'est-à-dire à celui où l'un des époux aurait vendu des immeubles pour se procurer des meubles.

Le principe exposé sur le 11ᵐᵉⁿᵗ, qui déclare propres, les immeubles acquis pendant la communauté à titre de succession, de libéralité entre-vifs ou testamentaire, n'empêche pas l'immeuble donné de tomber en communauté, quand le donateur du testateur l'aura formellement déclaré.

Il ne souffre pas d'exception, suivant nous, quand l'immeuble pris dans la communauté et donné en dot à un descendant, par chaque époux séparément, ou par tous deux conjointement, reviendra aux époux donateurs par l'effet de l'article 747 ; nous n'y voyons qu'un droit de succession.

§ 2. *Du passif.*

Le passif de la communauté se compose :

1° De toutes les dettes mobilières dont les époux sont grevés au jour du mariage (art. 1409, 1°) ;

2° De toutes celles qui, pendant la communauté, ont pris naissance du chef du mari, par contrat, quasi-contrat, délit, quasi-délit, ou par disposition de la loi (art. 1409-2°, 1414, 1424) ;

3° De toutes celles résultant des contrats faits par la femme, avec le consentement du mari (art. 1409-2°, 1419).

Avant de passer à l'indication d'autres obligations dont la communauté sera tenue, faisons sur les trois classes de dettes ci-dessus les quatre observations suivantes :

Première remarque. — La communauté ne sera tenue des obligations dont la femme se prétendrait débitrice à l'époque du mariage, qu'autant qu'elles seraient constatées par écrit, ayant date certaine, conformément à l'article 1328, dans les cas où la loi refuse la preuve testimoniale aux créanciers, faute d'avoir exigé un écrit (art. 1410).

Deuxième remarque. — La loi, quant aux dettes présentes, applique l'ancien principe du droit coutumier, suivant lequel les dettes mobilières sont considérées comme une charge de l'universalité du mobilier, et non le principe plus équitable, qui aurait mis à la charge de la communauté une fraction du passif égale à celle qu'elle prendrait dans l'actif (art. 1409-1°).

Troisième remarque. — Parmi les dettes que nous venons d'indiquer, il faut faire deux catégories : les unes tomberont définitivement dans la communauté, les autres ne seront à la charge de la
communauté que sauf récompense; ainsi, dans la deuxième catégorie,
nous rangerons 1° les dettes mobilières dont l'un des époux était
débiteur au jour du mariage, et relatives à ses immeubles propres ;
2° celles contractées pendant la communauté, dans l'intérêt de l'un
des époux (art. 1437 C. civ.).

Quatrième remarque. — Les dettes de la communauté peuvent
être en même temps, vis-à-vis des créanciers, des dettes personnelles
des époux, que la communauté en soit tenue définitivement ou non;
en un mot, la circonstance qu'une dette est tombée dans la communauté ne libère pas l'époux qui l'a contractée.

Ajoutons au passif de la communauté,

4° Les arrérages et intérêts des rentes et autres dettes personnelles
aux deux époux, à moins qu'il ne s'agisse d'une dette personnelle,
contractée par la femme avec l'autorisation de justice, ou de toute
autre, résultant de ses délits ou quasi-délits ;

5° Les réparations usufructuaires des biens restés propres ;

6° Les aliments des époux, la nourriture, l'entretien et les frais
d'éducation des enfants, et autres charges du mariage;

7° La communauté peut encore être obligée, à raison du profit
qu'elle aurait retiré d'une opération quelconque, quoiqu'elle ne fût
pas tenue directement par l'effet de l'acte; il y aura lieu, contre elle,
à une sorte d'action *de in rem verso* (1433 C. civ.);

8° Les frais de scellés, apposés après la dissolution de la communauté, ceux d'inventaire, de liquidation et de partage, tombent
aussi dans la communauté (1482 C. civ.).

Remarquons, néanmoins, que lorsque nous excluons les dettes
immobilières du passif de la communauté, nous n'entendons pas dire
d'une manière absolue que les créanciers ne puissent poursuivre la
communauté; s'il s'agit de créanciers du mari, ceux-ci, invoquant
les droits conférés à leur débiteur par l'article 1421, pourront saisir
les biens de la communauté, sauf récompense.

Mais l'exclusion des dettes immobilières du passif de la communauté aura encore son utilité pratique, en ce sens, qu'à la dissolution, si les créanciers ne se sont pas fait payer, ils n'auront pas la femme pour débitrice et ne pourront la poursuivre ;

9° La communauté peut encore être grevée des dettes qui se trouvent dans les successions échues à l'un ou à l'autre des époux, d'après les principes et les distinctions qui vont suivre.

Et remarquons, avant d'entrer dans cette matière, que le législateur, quant aux dettes provenant des successions, ne suit pas le même principe qui l'a guidé pour les dettes présentes ; nous ne dirons plus que là où va le mobilier vont les dettes mobilières ; mais nous appliquerons cet autre principe, que la communauté sera tenue des dettes des successions, proportionnellement à l'actif dont elle s'empare.

Nous ferons observer, en second lieu, que toutes les distinctions que nous pourrons faire ne préjudicient pas au droit qu'ont, dans tous les cas, les créanciers des successions, de poursuivre leur payement sur les biens, tant mobiliers qu'immobiliers qui en proviennent.

1° Si la succession est purement mobilière, et échue au mari, toutes les dettes tomberont dans la communauté, qui sera tenue *in infinitum*, si l'acceptation est pure et simple.

Il en sera de même si la succession échue à la femme a été, par elle, acceptée avec le consentement du mari ; les créanciers de la succession pourront alors poursuivre leur payement, même sur les biens du mari.

Si la femme n'a accepté que sur l'autorisation de justice, les biens mobiliers de cette succession tombent dans la communauté, et, dans ce cas, par dérogation à ce principe, que la communauté ne peut être tenue malgré le mari, elle sera obligée par une sorte d'action *de in rem verso*, *quatenus locupletior facta est*. Un inventaire devra donc être fait pour en déterminer la valeur mobilière.

Mais quant aux autres biens de la femme, la nue propriété en sera seule affectée au payement.

Si l'inventaire n'a pu être fait, la communauté sera encore tenue *in infinitum*, lors même que l'acceptation n'aurait eu lieu que sur l'autorisation de justice.

2° Si la succession est purement immobilière, distinguons entre le mari et la femme.

Les dettes, soit mobilières, soit immobilières d'une succession purement immobilière échue au mari, ne tombent pas à la charge de la communauté, et n'entrent pas dans son passif, de telle sorte qu'à sa dissolution, elles se partageront entre le mari et la femme, sauf récompense.

Néanmoins, en vertu de cet autre principe, que les créanciers du mari peuvent exercer sur les biens de la communauté les droits conférés à leur débiteur (article 1421), ils pourront poursuivre leur payement, même sur les biens de la communauté tant qu'elle dure, sauf récompense à la communauté.

Si la succession purement immobilière est échue à la femme, distinguons encore si elle a été acceptée avec l'autorisation du mari, ou seulement de justice.

Dans le premier cas, nous déciderons que les dettes de toute nature d'une succession purement immobilière ne tombent pas dans la communauté; mais sans appliquer dans toute son étendue la disposition de l'article 1419, nous permettrons au créancier de poursuivre la femme sur la pleine propriété de ses biens personnels; la communauté qui en a l'usufruit en souffrira préjudice, c'est le seul effet attaché à l'autorisation du mari (article 1413).

Dans le deuxième cas, les créanciers ne peuvent se payer que sur la nue propriété des biens personnels de la femme; nous ne restreindrons pas cette poursuite au cas d'insuffisance des immeubles de la succession.

3° La succession étant mixte,

Si elle est échue au mari, les dettes dont elle est grevée ne sont à la charge de la communauté que jusqu'à concurrence de la portion contributoire du mobilier dans les dettes, eu égard à la valeur de ce mobilier comparée à celle des immeubles (article 1414). Cette portion contributoire se règle d'après l'inventaire auquel le mari doit faire procéder, la communauté sera tenue de cette fraction de dette au delà même de la valeur du mobilier recueilli.

Si la succession est échue à la femme, et qu'elle ait accepté avec le consentement du mari, nous déciderons de même; le mari, dans ce cas, comme administrateur des biens de la femme, devra encore faire inventaire.

A défaut d'inventaire, dans tous les cas où il préjudicie à la femme, elle ou ses héritiers peuvent, lors de la dissolution de la communauté, poursuivre les récompenses de droit, et faire preuve par tous moyens, même par commune renommée, de la consistance et valeur du mobilier non inventorié; le mari n'est jamais recevable à faire cette preuve (1415).

Quant aux créanciers, lorsque la succession est échue au mari, ou à la femme, et acceptée avec son autorisation, il importe peu que l'inventaire ait été fait.

Si la succession est échue au mari, non-seulement ils pourront poursuivre la communauté jusqu'à concurrence de sa portion contributoire, mais même pour la portion de dettes, charge des immeubles, et qui ne tombe pas en communauté, par application de ce principe déjà cité, qu'ils peuvent poursuivre la communauté pour des dettes qui n'y tombent pas, en invoquant les articles 1421 et 1166 combinés.

Si la succession échue à la femme a été acceptée avec autorisation du mari, qu'il y ait eu inventaire ou non, les créanciers de la succession pourront, non-seulement poursuivre la femme sur ses biens personnels, mais encore atteindre les biens de la communauté, et, par suite, les biens personnels du mari.

Les poursuites s'exerceront de cette manière, aussi bien pour la portion des dettes, qui tombera définitivement à la charge de la communauté, que pour celles afférentes aux immeubles, et pour ces dernières, remarquons qu'il aurait semblé, par analogie avec 1413, qu'on aurait dû donner aux créanciers le droit d'atteindre la communauté, seulement par des poursuites exercées sur la *pleine propriété* des biens personnels de la femme, dont la communauté a la jouissance.

Si la succession n'a été acceptée qu'avec l'autorisation de justice, les poursuites porteront sur une plus ou moins grande masse de biens, suivant qu'il y aura eu inventaire ou non ; si l'inventaire n'a pas été fait, leurs droits seraient les mêmes que dans le cas précédent ; s'il a été fait, la communauté ne peut être poursuivie que jusqu'à concurrence du mobilier recueilli, et pour le surplus, les créanciers ne pourront atteindre que la nue propriété des autres biens personnels de la femme (art. 1417).

Toutes ces règles s'appliquent également aux dettes dépendant d'une donation (art. 1418).

SECTION II.

De l'administration de la communauté et de l'effet des actes de l'un ou de l'autre époux, relativement à la société conjugale.

Le mari seul est chef et libre administrateur de la communauté tant qu'elle dure (art. 1421); ses pouvoirs sont plus étendus que ceux d'un mandataire ordinaire, quelques-uns ne s'expliquent même que par cette maxime de l'ancienne jurisprudence, que le mari est seigneur et maître de la communauté.

Le mari peut aliéner à titre onéreux les immeubles aussi bien que les meubles sans le concours de la femme; il peut aussi les hypothéquer. Quant aux aliénations à titre gratuit, il faut distinguer entre les donations entre-vifs et les testaments : il ne peut disposer entre-vifs à titre gratuit des immeubles, ni de l'universalité ou d'une quotité des meubles de la communauté, si ce n'est pour l'établissement des enfants communs (art. 1422); nous ne dérogerons pas à cette règle pour le cas d'institution contractuelle, même au profit des enfants communs. Le mari peut néanmoins disposer, à titre gratuit et particulier, des effets mobiliers, au profit de toutes personnes, pourvu qu'il ne s'en réserve pas l'usufruit.

Le pouvoir du mari sur la communauté ne subsiste que tant qu'elle dure, et le testament n'ayant effet qu'après sa dissolution, le mari ne pourra tester que sur sa part dans la communauté ; n'eût-il même donné en cette forme qu'un objet particulier, meuble ou immeuble, le légataire ne pourra réclamer la chose léguée, si elle ne tombe pas au lot des héritiers du mari ; mais le législateur, par la crainte des collusions entre les héritiers du mari et de la femme, déroge à la règle que le legs de la chose d'autrui n'est pas valable, et lui donne le droit de réclamer la valeur totale de l'objet légué, non-seulement sur la part des héritiers du mari dans la communauté, mais même sur les biens personnels de ce dernier.

Le mari peut encore engager les biens de la communauté, par ses contrats, qu'il agisse en personne, ou par le ministère de sa femme, laquelle alors n'est pas tenue sur ses biens personnels (1420), par ses quasi-contrats, délits et quasi-délits, les amendes mêmes encourues par lui pour contravention, délits ou crimes n'emportant pas mort civile, tombent à la charge de la communauté, sauf récompense.

Quand il s'agira de condamnations contradictoires pour crimes emportant mort civile, non-seulement elles ne tombent pas en communauté sauf récompense, mais elles ne peuvent pas même être poursuivies sur les biens de la communauté à raison de la dissolution prochaine qu'entraîne l'exécution.

Si la condamnation est prononcée par contumace, il nous faudra bien admettre, quoique l'article 1425 ne distingue pas que dans les cinq années qui suivent l'exécution par effigie, et pendant lesquelles la mort civile n'est pas encourue, les créances dont il s'agit pourront être poursuivies sur les biens de la communauté, sauf récompense. Si le législateur n'a pas distingué, c'est que, dans l'ancien droit, les principes sur la mort civile étaient différents, elle résultait même de l'exécution par effigie.

Les actes de la femme non autorisée du mari, même avec l'autorisation judiciaire, n'engagent pas la communauté.

Dans certains cas favorables on déroge à cette règle ; on lui permet d'obliger la communauté, mais avec l'autorisation de justice, et pour tirer le mari de prison, ou établir les enfants communs en l'absence du mari (art. 1427).

Si la femme a contracté avec l'autorisation maritale, les créanciers peuvent poursuivre les biens de la femme, ceux de la communauté et ceux du mari, sauf la récompense due à la communauté ou l'indemnité au mari.

Ces deux résultats s'expliquent : le premier parce qu'il y a présomption qu'il s'agissait de l'intérêt de la communauté, et que sans cela nul ne voudrait contracter avec la femme, si elle n'offrait pour garantie que la nue propriété de ses biens personnels, et qu'enfin le mari, en autorisant, n'a pas voulu restreindre les créanciers à ce gage insuffisant ; ce qui permet l'application de cette règle aux cas où il est impossible que l'opération profite à la communauté, sauf les cas des articles 1412, 1413, 1438.

Quant au deuxième résultat il s'explique par la confusion des biens du mari avec ceux de la communauté dont il est censé propriétaire à l'égard des tiers ; aussi est-il tenu, sur tous ses biens personnels, de toutes les dettes qui sont à la charge de la communauté.

Mais le mari ne serait en aucun cas passible de la contrainte par corps à laquelle la femme pourrait être soumise.

Quant aux indemnités dont la femme est tenue à raison de ses délits ou quasi-délits, elles ne peuvent en aucun cas se poursuivre contre la communauté ; *a fortiori* faut-il le dire pour les amendes encourues, pour crime emportant ou non mort civile.

Le mari, administrateur de la communauté, exerce pour elle le droit de jouissance qu'elle a sur les biens personnels de la femme qu'il administre aussi. De là, deux classes de droits et d'obligations ; au droit de jouissance se rattachent la faculté de faire des baux (1429-1430), les obligations de réparation et d'entretien imposées à l'usufruitier (1428) ; en qualité d'administrateur, le mari doit faire les grosses réparations (1428) ; il exerce les actions réelles ou personnelles relatives aux meubles propres de la femme ; il a les actions possessoires ; mais la femme conserve les actions pétitoires.

Le mari ne peut disposer des immeubles propres de la femme, et nous admettrons la même solution à l'égard des meubles, à moins qu'ils soient de nature telle qu'on n'en puisse faire usage sans les consommer.

Le mari est responsable vis-à-vis de la femme du défaut des actes conservatoires dont il est tenu.

SECTION III.

De la dissolution de la communauté et de quelques-unes de ses suites.

La communauté se dissout :

1° Par la mort naturelle ;

2° Par la mort civile ;

3° Par la séparation de corps ;

4° Par la séparation de biens ;

5° Par la nullité du mariage.

La séparation de corps et la séparation de biens ne peuvent être volontaires ; elles doivent être prononcées par jugement.

Dans le cas de dissolution par la mort naturelle ou par la mort civile, la loi, pour abroger quelques anciennes coutumes, déclare que le défaut d'inventaire ne donne pas lieu à la continuation de la communauté. Néanmoins, si cet inventaire n'est pas fait dans le délai de trois mois, les intéressés peuvent employer contre l'époux survivant des moyens de preuves très-larges ; et s'il y a des enfants mineurs, il perdra la jouissance de tous les biens de ces enfants ; enfin, la loi rend le subrogé tuteur solidairement responsable de toutes les condamnations qui pourraient intervenir au profit des mineurs.

Quand la séparation de corps est prononcée, la dissolution de la communauté ne remonte pas, comme dans le cas où la séparation de biens est demandée d'une manière principale, au jour de la demande ; en effet, la séparation de corps ne peut remonter au delà du jugement ; or la séparation de biens, qui n'en est que la conséquence, ne peut remonter à une époque où elle n'existait pas ; sauf à la femme à formuler, en même temps et séparément, une demande en séparation de biens.

Le jugement de séparation de corps est rendu public, de la même manière que le jugement de séparation de biens (art. 880 C. pr.).

La séparation de biens peut être poursuivie en justice quand la dot de la femme est mise en péril, et que le désordre des affaires du mari est tel, qu'il y a lieu de craindre que les biens de celui-ci ne soient pas suffisants pour remplir les droits et reprises de la femme. Ajoutons qu'elle peut être demandée même dans le cas où la femme n'aurait pas de reprises, qu'elle n'aurait fait aucun apport.

La femme seule peut, en principe, demander la séparation de biens; mais nous n'hésiterons pas à accorder aux héritiers le droit de continuer l'instance commencée par la femme si elle meurt.

Les créanciers ne peuvent, sur ce point, invoquer l'article 1166, à cause des conséquences désastreuses qui en résulteraient pour la bonne harmonie des époux, à moins que la femme n'y consente.

Mais la loi, quand le mari est tombé en faillite ou en déconfiture, donne aux créanciers la faculté d'exercer les droits de la femme comme s'il y avait séparation de biens; la communauté continuera de subsister, et à sa dissolution il s'établira des comptes pour ce que le mari aura payé aux créanciers de la femme.

La femme doit être autorisée à l'effet de demander la séparation; l'autorisation est accordée sur requête par le président du tribunal civil, après les observations convenables (art. 865 C. pr. civ.).

La demande en séparation de biens doit, dans l'intérêt des créanciers du mari, être précédée d'une certaine publicité. Un extrait de la demande en séparation, transmis dans les trois jours par l'avoué demandeur au greffier du tribunal, est inséré sans délai, par ce dernier, au tableau placé dans l'auditoire. Cet extrait doit contenir : 1° la date de la demande; 2° les noms, prénoms, profession et demeure des époux; 3° les noms et demeure de l'avoué constitué (art. 866 C. pr. civ.).

Pareil extrait est inséré au tableau placé dans l'auditoire du tribunal de commerce, dans les chambres des avoués de première instance et des notaires s'il y en a; du tout il sera justifié par certificat du greffier et des secrétaires (art. 867, C. pr. c.).

Même extrait, aux diligences de la femme, est inséré dans l'un des journaux qui s'impriment dans le lieu où siége le tribunal, et à défaut dans l'un de ceux du département, s'il y en a; les insertions sont justifiées comme en matière de saisie immobilière (art. 868 C. pr. c.)

Aucun jugement, sauf en ce qui concerne les actes conservatoires, ne pourra être rendu qu'un mois après l'accomplissement de toutes ces formalités, prescrites à peine de nullité qui peut être opposée par le mari et par ses créanciers (art. 869 C. pr. c.); ceux-ci peuvent, jusqu'au jugement définitif et par acte d'avoué à avoué, sommer l'avoué de la femme de leur communiquer la demande en séparation et les pièces à l'appui, et intervenir dans l'instance (art. 871, C. pr. c.). Le reste de la procédure s'instruit dans les formes ordinaires.

Le jugement, pour produire effet, doit être suivi de l'accomplissement de certaines formalités.

L'article 1444 C. civ. exige que le jugement ait été exécuté dans la quinzaine de sa prononciation, ou du moins que les poursuites aient été commencées et non discontinuées depuis.

L'application rigoureuse de cette disposition présente des difficultés plus grandes encore lorsque la femme ne renonce pas immédiatement; aussi l'on se contente de signifier le jugement avec commandement de comparaître devant le notaire pour procéder aux opérations de la liquidation.

La femme ne peut, en outre, exécuter le jugement qu'après l'avoir publié dans les formes réglées et qui sont exigées à peine de nullité de l'exécution (1445 C. civ.).

La lecture du jugement de séparation doit être faite à l'audience du tribunal de commerce du lieu s'il y en a; un extrait de ce jugement contenant la date, la désignation du tribunal, les noms, prénoms, profession, demeure des époux, sera inséré sur un tableau à ce destiné et exposé pendant un an dans l'auditoire du tribunal de première instance et de commerce du domicile du mari, même lorsqu'il ne sera pas négociant, et s'il n'y a pas de tribunal de commerce, dans la principale salle de la maison commune du domicile du mari. Pareil extrait sera inséré et exposé au tableau de la chambre des avoués et des notaires s'il y en a (art. 872 C. pr. c.).

Ces formalités ont pour but d'avertir les créanciers du mari, qui ont le délai d'un an pour former tierce opposition. Ils peuvent faire considérer, par cette voie, le jugement comme non avenu à leur égard en prouvant qu'il a été prononcé en fraude de leurs droits.

Si les créanciers, sans attaquer le jugement, n'attaquent que la liquidation, ils ont pour cela et dans tous les cas le délai de trente ans ; seulement, si cette liquidation est contenue dans le jugement, c'est par voie de tierce opposition qu'ils devront agir.

Lorsque le jugement est prononcé et que la séparation ne peut plus être attaquée, la femme exercera ses reprises et on procédera au partage de la communauté, selon que la femme acceptera ou renoncera.

La jouissance et l'administration de ses biens personnels sont rendues à la femme, à la charge de contribuer aux dépenses du ménage et aux obligations matrimoniales, proportionnellement à ses facultés (art. 1448 C. civ.).

Elle reste toujours incapable de rien donner ou recevoir à titre gratuit, d'aliéner ses immeubles sans le consentement du mari, même à titre onéreux, d'ester en justice, et d'emprunter de manière à obliger tous ses biens, en un mot de figurer valablement dans un contrat qui ne se rattacherait pas à l'administration de ses biens (art. 1449 C. civ.).

Le mari est garant du défaut d'emploi et de remploi du prix de l'immeuble aliéné par la femme séparée, s'il a consenti à l'aliénation, mais il ne l'est pas de son utilité ; il n'est tenu à aucune garantie si l'aliénation n'a eu lieu que sur autorisation judiciaire, à moins qu'il n'ait concouru au contrat, ou qu'on ne prouve qu'il ait reçu les deniers provenus de l'aliénation, ou qu'il en ait profité.

La séparation ne donne pas lieu à l'ouverture des gains de survie (art. 1452 C. civ.).

Les effets de la séparation de biens peuvent être annihilés pour l'avenir par un retour au régime primitif du consentement des deux époux, constaté par acte notarié dont une expédition est affichée dans la forme prescrite en l'article 872 de procédure civile. Ce rétablissement du régime primitif laisse subsister les actes valablement faits par les époux pendant leur séparation. Mais toute convention de rétablissement de la communauté, sous des conditions autres que celles qui existaient en principe, est nulle, par application de l'article 1395.

SECTION IV.

De l'acceptation de la communauté et de la renonciation qui peut y être faite.

La communauté étant dissoute par l'un des cinq modes ci-dessus énumérés, s'il s'agissait d'une société ordinaire, il y aurait lieu à s'occuper immédiatement des règles relatives au partage de l'actif et du passif; mais la femme, en cette matière, a un droit exorbitant, celui de s'affranchir de toutes les conséquences de l'association.

Cette dérogation aux principes s'explique par l'étendue des pouvoirs du mari que la femme ne peut contrôler ; la loi lui conserve cette faculté, même lorsque, par suite de l'absence du mari, elle a opté pour la continuation provisoire de la communauté et qu'elle l'a administrée (art. 124 C. civ.); elle déclare même nulle la convention par laquelle la femme s'enlèverait la faculté de renoncer (art. 1453 C. civ.).

Pour comprendre cette matière il faut distinguer le cas où la femme aurait à faire l'option après la dissolution par la mort naturelle ou civile du mari, et le cas où la dissolution arrive par la séparation de corps et de biens ou par la séparation de biens seulement.

Si la communauté est dissoute par la mort naturelle ou civile du mari.

1° La femme a un délai de trois mois pour faire inventaire, et de quarante jours pour délibérer; pendant ce laps de temps, les créanciers de la communauté peuvent être repoussés par l'exception dilatoire de l'article 174 de procédure civile.

Après l'expiration de ce délai de trois mois, et des quarante jours pour délibérer, lesquels courent de la clôture de l'inventaire, s'il est terminé avant les trois mois (ce délai peut être, d'ailleurs, prorogé par le tribunal en cas d'insuffisance), la femme a encore conservé son droit d'option, pourvu qu'elle ait, dans les trois mois ou leur prorogation, fait un inventaire fidèle et exact de tous les biens de la communauté, contradictoirement avec les héritiers du mari ou eux dûment appelés; et l'inventaire doit être affirmé sincère et véritable lors de sa clôture.

Si l'inventaire n'a pas été fait, la femme ne peut plus renoncer.

Elle perd également la faculté d'opter quand elle a diverti ou recélé quelques effets de la communauté; la loi déclare la femme commune nonobstant sa renonciation postérieure.

Si la femme négligeait de faire son option, elle serait présumée commune et les créanciers pourraient la poursuivre et la faire condamner comme telle, à moins que la femme n'ait renoncé pendant l'instance dont elle doit alors les frais faits jusqu'à sa renonciation.

L'acceptation peut être faite expressément ou tacitement, avant ou après l'inventaire, ou même sans qu'il y ait inventaire; dans ce dernier cas, la femme est tenue des dettes de la communauté *in infinitum* pour moitié.

La renonciation doit être expresse et faite sur le registre spécial du greffe du tribunal civil siégeant dans l'arrondissement du domicile du mari (art. 1457 C. civ.).

Si la femme meurt dans les trois mois sans avoir fait inventaire, ses héritiers auront de nouveau ce même délai à compter du décès de la veuve, plus quarante jours pour délibérer, à compter de la clôture de l'inventaire (art. 1461 C. civ.).

Si l'inventaire a été terminé, le délai de quarante jours ne paraît plus suffisant, car ce serait forcer les héritiers à accepter la succession de la femme dans un délai bien plus court que celui qui leur est attribué pour délibérer sur la succession même de la veuve; aussi, dans ce cas, le délai de quarante jours est-il prorogé au moyen de la latitude laissée par l'article 1459.

La veuve, soit qu'elle accepte, soit qu'elle renonce, a droit, pendant les délais de l'inventaire et de la délibération, de prendre sa nourriture et celle de ses domestiques sur les provisions existantes, et, à défaut, par emprunts modérés au compte de la masse commune. Elle ne doit aucun loyer pour son habitation pendant le même délai, dans une maison dépendante de la communauté, et si les époux avaient cette maison à loyer, le payement sera pris sur la masse commune (art. 1465 Cod. civ.).

La femme séparée soit de corps et de biens, soit de biens seulement, jouit aussi des délais ci-dessus pour faire inventaire et délibérer; les règles sur l'acceptation et la renonciation sont les mêmes, ainsi que les effets du divertissement ou du recel de quelques effets de la communauté; mais à la différence de la femme survivante, si elle ne prend pas parti dans les délais, elle est présumée avoir renoncé à la communauté (art. 1463 C. civ.).

Les créanciers de la femme peuvent attaquer la renonciation faite par elle ou par ses héritiers en fraude de leurs droits, et accepter la communauté de leur chef; lorsque le silence de la femme fera présumer sa renonciation, les créanciers agiront du chef de la femme à l'effet d'accepter.

Au cas de dissolution de la communauté par la mort de la femme, ses héritiers peuvent renoncer à la communauté dans les délais et dans la forme que la loi prescrit à la femme survivante (art. 1466 C. civ.).

SECTION V.

Des effets de l'acceptation.

Quand la communauté est dissoute, il faut avant tout déterminer la masse à partager entre les différents intéressés, si la femme ou ses héritiers acceptent; s'ils renoncent, quel sera le capital social à conserver par le mari? Il faut donc auparavant reconnaître les créances des époux contre la communauté, ou de celle-ci contre les époux. Quant aux créances personnelles des époux l'un contre l'autre, elles sont sans influence sur la composition de la masse à partager; néanmoins nous examinerons les faits qui peuvent leur donner naissance.

Il y aura lieu à récompense de la part de la communauté, toutes les fois qu'elle se sera enrichie au préjudice de l'un des époux. Nous en trouvons des exemples dans le cas où le prix d'un propre a été versé en communauté, ou lorsqu'un des époux a abdiqué une servitude active afférente à son immeuble propre, pour un prix versé dans la communauté, ou vendu un droit d'usufruit (art. 1433 C. civ.).

Ajoutons le cas de l'article 1403, relatif aux produits des mines et carrières dont l'ouverture a été postérieure au mariage.

Dans tous ces cas la communauté doit la récompense du prix qu'elle a touché.

En sens inverse, les époux devront récompense à la communauté, toutes les fois qu'elle se sera appauvrie au profit de l'un d'eux. Cette hypothèse se présentera lorsque la communauté aura payé des dettes personnelles à l'un des époux et tombées en communauté, sauf cette récompense.

Quant aux dépenses faites pour l'amélioration d'un bien propre à l'un des époux, nous n'appliquerons pas le principe de l'article 599, que la crainte d'avantages déguisés a fait proscrire en cette matière. L'article 1437 nous fournit des exemples de cette sorte de récompenses.

Les époux peuvent avoir l'un contre l'autre certaines créances, ce qui a lieu toutes les fois que l'un d'eux s'est appauvri dans l'intérêt de son conjoint, soit en payant ses dettes, soit en consacrant tout ou partie de ses biens à la conservation ou à l'amélioration des biens de l'autre (art. 1432-1419 C. civ.).

La constitution de dot donne lieu à ces récompenses. La dot des enfants n'est pas une charge de communauté; en conséquence, si les deux époux ont doté conjointement l'enfant commun, ils sont tous deux obligés, personnellement, chacun pour moitié; et si la dot a été payée avec les biens personnels de l'un des époux, il en résulte une créance contre son conjoint; si elle a été prise ou promise sur la communauté, chacun des époux lui en devra récompense (art. 1438 C. civ.).

Lorsque le mari seul a doté l'enfant commun en effets de la communauté, la loi interprète la volonté du constituant comme ayant voulu mettre la constitution à la charge de la communauté, de telle sorte qu'il y aura contribué pour moitié si la femme accepte, et celle-ci pour l'autre moitié; mais dans ce cas elle n'est encore obligée que comme commune (art. 1439 C. civ.).

Nous déciderons de même lorsque le mari aura constitué seul la dot, mais sans fournir actuellement aucune prestation (Pothier, n° 659, *Traité de la Communauté*).

Si c'est la femme seule qui a doté, elle seule est obligée, et dans le cas où par application de l'article 1419 la communauté et le mari seraient poursuivis et forcés de payer, la femme en devrait récompense.

Remarquons que le deuil de la femme est aux frais des héritiers du mari prédécédé : ce deuil est réglé d'après la fortune du mari.

§ 1. *Du partage de l'actif.*

Après l'établissement des récompenses respectives entre la communauté et les époux, chacun d'eux rapporte à la masse commune ce dont il se trouve débiteur envers elle ; et en sens inverse, après avoir repris la possession des biens qui leur sont propres, les époux prélèvent les récompenses qui leur sont dues par la communauté.

Quant à ces reprises, il faut distinguer celles de la femme et celles du mari.

La femme exerce ses prélèvements avant ceux du mari, et ce, d'abord, sur l'argent comptant de la communauté, à défaut sur les meubles, subsidiairement sur les immeubles parmi lesquels elle peut choisir ; enfin, en cas d'insuffisance, sur les biens personnels du mari, par application de ce principe qu'elle n'est pas tenue *ultra vires* (art. 1471).

Ses héritiers exercent les mêmes droits.

Le mari, au contraire, ne peut exercer ses reprises qu'après la femme, et sur les biens de la communauté seulement (art. 1472).

Les récompenses de la communauté contre les époux et réciproquement, emportent intérêts de plein droit du jour de la dissolution de la communauté (art. 1473).

Les récompenses des époux entre eux ne portent intérêts que du jour de la demande en justice (art. 1479).

Après les apports effectués et les prélèvements exercés, il y a lieu de partager le reste ; la masse sera attribuée par moitié à chacun des époux ou à leurs représentants. Quant aux créances, la loi les divise de plein droit par moitié entre les époux ou leurs héritiers.

Le partage des autres biens se fera à l'amiable, si toutes les parties sont majeures, présentes et y consentent, sinon le partage se fera en justice (art. 838 C. c.), et pour tout ce qui concerne les formes du partage, les licitations s'il y a lieu, les effets du partage et de la garantie, ainsi que pour le payement des soultes, il faudra appliquer les règles établies pour le partage des successions (art. 1476 C. civ.).

§ 2. *Du passif de la communauté et de la contribution aux dettes.*

Ainsi que nous l'avons vu, le passif de la communauté se compose :

1° De toutes les dettes mobilières que les époux avaient à l'époque du mariage, même de celles qui n'y sont tombées que sauf récompense ;

2° Des dettes des successions et donations, soit purement mobilières, soit mixtes, échues à l'un des époux pendant le mariage ;

3° Des dettes contractées par le mari pendant le mariage ;

4° Des dettes contractées par la femme avec le consentement du mari ;

5° Des dettes contractées par la femme avec la seule autorisation de justice, dans quelques cas exceptionnels ;

6° Des dettes résultant des actes faits par les époux à raison du profit que la communauté en aurait retiré ;

7° Des frais de scellés, inventaire, vente de meubles, liquidation et partage (art. 1482 C. civ.).

La loi opère de plein droit la division entre les époux, du passif comme de l'actif, chacun pour moitié.

Mais pour les époux comme pour leurs héritiers, une distinction fondamentale sera celle de la contribution aux dettes, et du droit de poursuite accordé aux créanciers.

Chacun des époux contribue pour moitié aux dettes, mais la femme, jusqu'à concurrence seulement de son émolument, constaté par inventaire, qui doit être fait dans les trois mois du décès ou par un acte de partage, ou tout autre acte équivalent.

Cette division légale peut être modifiée à la convenance des parties, mais ces conventions ne peuvent être opposées aux créanciers (art. 1490).

Mais il est des cas où chacun des époux peut être poursuivi au delà de sa portion contributoire.

A l'égard du mari, il faut distinguer entre les dettes de la communauté qui y sont tombées de son chef, comme ayant été contractées soit avant, soit pendant le mariage, et les dettes tombées en communauté du chef de la femme.

Le mari peut être poursuivi à raison des dettes de la première classe pour la totalité (art. 1484), et à raison des autres pour moitié seulement (art. 1485). Il peut être tenu hypothécairement pour le tout par l'effet du partage (art. 1489 C. civ.).

La femme peut être aussi obligée personnellement ou comme commune.

Si la femme s'est obligée personnellement, il faut distinguer si c'est dans son intérêt ou dans l'intérêt de la communauté.

Si c'est dans son intérêt, elle pourra être poursuivie pour le tout (1486). Si c'est dans l'intérêt de la communauté, elle pourra l'être pour moitié, *altra vires*, elle pourra même être poursuivie pour le tout, si elle est solidaire (1487).

Si la femme est obligée comme commune, elle pourra encore être poursuivie pour moitié, mais seulement *intra vires*, pourvu qu'il y ait bon et fidèle inventaire (1483).

Le surplus des dettes, que par suite de ce bénéfice la femme n'aura pas payé, pourra être poursuivi contre le mari.

Si la femme a payé au delà de ce dont elle était tenue, si elle a exprimé dans la quittance qu'elle n'entendait payer que pour sa part, elle a pour tout l'excédant un recours contre les créanciers (art. 1488).

Remarquons que la femme, quoiqu'elle soit dans une position analogue à celle d'un héritier bénéficiaire, en ce sens qu'elle n'est tenue que *intra vires*, ne pourra pas cependant comme lui faire l'abandon de ses biens; et de plus, à la différence de l'héritier bénéficiaire, elle pourra être poursuivie pour la part de dettes à sa charge, même sur ses biens personnels ; elle peut aliéner, hypothéquer les biens qui proviennent du partage de la communauté.

La femme peut encore être poursuivie au delà de sa part contributoire aux dettes par l'effet de l'action hypothécaire sur les immeubles à elle échus en partage.

Il en est de même si la dette de la communauté était indivisible.

Toutes les fois que l'un des époux aura payé des dettes de la communauté au delà de sa portion contributoire, il y a lieu au recours de celui qui a trop payé contre l'autre (art. 1490 C. civ.).

Tout ce qui est dit ci-dessus à l'égard du mari et de la femme, s'applique aux héritiers de l'un et de l'autre.

SECTION VI.

De la renonciation à la communauté et de ses effets.

La femme, pendant la durée de la communauté, est copropriétaire des biens corporels qui s'y trouvent, et elle a droit pour moitié aux créances de la communauté. En renonçant, elle se trouve rétroactivement, et par l'effet de la condition résolutoire, n'avoir jamais eu ces droits ; elle est déchue de toute portion dans l'actif, sauf la faculté que lui accorde la loi de reprendre les linges et hardes à son usage ; la jurisprudence y ajoute la bague de noces (art. 1492 C. civ.).

La femme a le droit, pendant les délais pour faire l'inventaire et pour délibérer, de vivre sur les biens de la communauté.

Elle reprend les biens à elle propres, et reste créancière à raison des indemnités que la communauté pourrait lui devoir.

Quoique affranchie de dettes par sa renonciation, la femme cependant peut être poursuivie pour celles qu'elle a personnellement contractées, sauf son recours contre le mari, à moins qu'il ne s'agisse d'une dette de communauté qui n'y était tombée que sauf récompense (art. 1494).

Les droits des héritiers de la femme sont les mêmes, sauf, en ce qui concerne la nourriture et le logement, pendant les délais pour faire inventaire et délibérer, et les dispositions concernant les linges et hardes (art. 1495 C. civ.).

Remarquons enfin qu'au cas de faillite l'article 560 du Code de commerce restreint le droit de la femme sur les linges et hardes, à ceux qui lui sont *nécessaires*, et l'exercice de ce droit devra être autorisé par le juge-commissaire.

Ici se place, dans l'ordre du Code, l'article 1496, nous le placerons à la fin des développements sur les régimes de communauté conventionnelle.

CHAPITRE II.

DE LA COMMUNAUTÉ CONVENTIONNELLE.

Les différents régimes prévus par le Code et qui modifient les règles de la communauté légale peuvent se diviser en deux classes : les uns modifient la communauté légale quant à la composition active et passive. Ce sont :

1° La communauté réduite aux acquêts ;

2° La clause de réalisations ;

3° La clause d'ameublissement ;

4° La clause de séparation de dettes ;

5° La communauté à titre universel.

Les autres régimes la modifient quant aux règles ordinaires du partage, ce sont :

1° La clause de reprise d'apport franc et quitte ;

2° La clause de préciput ;

3° Les clauses par lesquelles les parts sont inégales.

Mais sous tous ces régimes, certaines règles de droit commun reçoivent encore leur application ; ainsi :

I^{ment} La communauté aura la jouissance des propres des deux époux ;

II^{ment} Le mari aura le droit d'administrer la communauté ;

III^{ment} Les récompenses se présenteront à raison des mêmes faits ;

IV^{ment} La femme aura l'option entre l'acceptation et la renonciation, et l'exercera dans les mêmes formes que sous le régime de communauté légale.

SECTION PREMIÈRE.

De la communauté réduite aux acquêts.

L'actif de cette communauté se compose :

1° De tous les bénéfices faits par les époux ensemble ou séparément pendant la communauté, provenant de leur industrie ;

2° De la jouissance de tous les biens meubles ou immeubles qui appartenaient aux époux au jour de leur mariage, ou qui leur sont advenus depuis par succession ou donation (art. 1498).

Le passif se compose :

1° Des dettes contractées par le mari durant la communauté, ou par la femme avec le consentement du mari, sauf les récompenses de droit ;

2° Des intérêts de toutes les dettes et des arrérages des rentes dont les époux sont tenus personnellement ;

3° Des réparations usufructuaires des biens propres à chacun des époux ;

4° Des aliments des époux, de l'entretien et de l'éducation des enfants et autres charges du mariage (art. 1498 C. civ.).

Les pouvoirs du mari sur les biens de la communauté sont les mêmes que sous le régime de communauté légale, et par voie de conséquence les créanciers du mari pourront poursuivre les biens de la communauté, sauf récompense à celle-ci

Sous ce régime, comme sous la communauté légale, nous déciderons que le mari ne peut aliéner le mobilier propre de sa femme.

La femme ne peut pas obliger la communauté, même avec l'autorisation de justice, excepté dans les quelques cas favorables que nous avons énumérés.

Les causes de dissolution sont les mêmes, ainsi que les principes sur l'acceptation et la renonciation, sur le partage, ses formes et ses effets.

Quant à la reprise du mobilier, nous déciderons qu'en principe il doit se faire en nature (art. 851, 987, 1551).

En général, la présomption est que tout meuble est acquêt; chacun des époux ne peut en réclamer la propriété qu'en prouvant son existence entre des mains antérieurement au mariage, soit par un inventaire, par un partage, soit par tout autre état régulier (art. 1499 C. civ.).

Quant aux meubles échus depuis par succession ou donation, le mari n'en pourra prouver la consistance que par inventaire, la femme par tous moyens, même par la commune renommée.

A l'égard des créanciers, l'inventaire est nécessaire pour mettre le mari ou la femme, sans aucune distinction, à l'abri des poursuites qu'ils pourraient diriger en vertu des articles 1510 et 1416.

SECTION II.

Clause de réalisation.

La clause de réalisation a pour objet d'exclure de la communauté, tout le mobilier présent et futur, ou le mobilier présent ou futur, en tout ou en partie.

La réalisation de tout le mobilier présent et futur entraîne l'exclusion forcée des dettes présentes et futures, et les époux se trouvent placés sous le régime de communauté réduite aux acquêts par des termes différents.

Nous déciderons, en conséquence, que si les époux ont seulement exclu le mobilier présent, toutes les dettes dont ils étaient tenus au jour du mariage n'entreront point à la charge de la communauté ; que s'ils n'en ont exclu qu'une partie, les dettes ne tomberont en communauté que pour une portion correspondante.

Si l'exclusion porte sur le mobilier futur seulement, en tout ou en partie, nous appliquerons les mêmes règles ; et si elle porte sur la totalité du mobilier futur, il n'y a pas lieu à appliquer les articles 1411, 1414, 1418 C. civ.

Si l'exclusion n'est que partielle, les dettes des successions purement mobilières seront exclues pour une fraction correspondante; celles des successions mixtes seront doublement exclues, et par la portion de succession exclue comme actif immobilier, et par la portion d'actif mobilier qui ne doit pas y tomber d'après la convention.

On peut valablement exclure des objets déterminés, mais dans ce cas les dettes des époux n'en tombent pas moins en communauté.

La clause de réalisation peut encore être tacite; par exemple, lorsqu'on mettra dans la masse commune des objets déterminés, on exclura par cela même tous les autres. Lorsque des époux mettent en commun leur mobilier jusqu'à concurrence d'une somme déterminée (art. 1500), cette stipulation prend dans l'usage le nom de clause d'apport.

Cette clause rend l'époux débiteur envers la communauté de la somme qu'il a promis d'y mettre, et il se libère par l'apport de son mobilier dans la communauté, jusqu'à concurrence, et en se réservant la valeur du surplus, qu'il reprendra à la dissolution de la communauté, conformément aux articles 1471, 1472, 1493 (art. 1403 **C. civ.**).

Les époux peuvent faire porter la clause d'apport sur le mobilier présent ou sur le mobilier futur, ou sur le mobilier présent et futur.

Quant au passif de la communauté dans ces cas, nous le réglerons d'après les distinctions suivantes :

Si la clause ne porte que sur le mobilier présent, elle exclura dans ce cas les dettes présentes, et si elle porte sur le mobilier futur, elle exclura les dettes futures. La communauté ne reçoit, en effet, qu'une somme, et ne fait qu'une acquisition à titre particulier; si la clause porte à la fois sur le mobilier présent et futur, par application du même principe, nous déciderons que la communauté ne doit être tenue d'aucune dette.

L'apport du mobilier présent est suffisamment justifié, quant au mari, par la déclaration portée au contrat de mariage, que son mobilier est de telle valeur; à l'égard de la femme, par la quittance qu'en a donnée le mari, soit à elle même, soit aux personnes qui l'ont dotée (art. 1502 **C. civ.**).

Quant au mobilier futur, un inventaire est exigé. A défaut d'inventaire, si le mobilier est échu au mari, celui-ci ne peut en exercer la reprise. A l'égard de la femme, placée sous la subordination du mari, la loi est moins sévère, et lui accorde à elle et à ses héritiers tous moyens de preuve de la valeur du mobilier, même la voie de commune renommée (art. 1504 C. civ.).

SECTION III.

De la clause d'ameublement.

Cette clause a pour but d'augmenter l'actif de la communauté au lieu de le restreindre, en y faisant entrer un ou plusieurs immeubles présents ou futurs, ou tous les immeubles présents, ou tous les immeubles futurs, ou enfin tous les immeubles présents et futurs.

Dans ce dernier cas, les époux se trouvent placés sous la communauté universelle.

L'ameublissement peut être général ou particulier, déterminé ou indéterminé.

L'ameublissement général comprend une certaine masse de biens immobiliers.

L'ameublissement particulier ne comprend qu'un seul ou plusieurs immeubles spécialement désignés.

Cette première distinction est utile à faire pour les dettes; dans le premier cas, les dettes dont la communauté est tenue sont plus considérables; dans le deuxième cas, la portion des dettes à la charge de la communauté reste la même.

Pothier définit exactement l'ameublissement déterminé et l'ameublissement indéterminé.

L'ameublissement est déterminé lorsqu'il porte sur un ou plusieurs immeubles spécialement désignés, sur tout ou partie des immeubles, pour la totalité ou pour partie aliquote.

Il est indéterminé lorsque les époux ont assigné soit une masse d'immeubles, soit un ou plusieurs immeubles en payement, jusqu'à concurrence d'une certaine somme.

Cette division s'applique donc à l'ameublissement général comme à l'ameublissement particulier.

Il suffit de signaler ces bases pour reconnaître la confusion dans laquelle sont tombés les rédacteurs du Code civil.

La différence dans les effets de ces deux sortes d'ameublissement consiste en ce que, dans l'ameublissement déterminé, la communauté devient propriétaire de l'immeuble ou des immeubles, ou copropriétaire pour portion aliquote ; et le mari pourra les aliéner, les hypothéquer ; il ne pourra les aliéner à titre gratuit que pour l'établissement des enfants communs.

Au contraire, dans l'ameublissement indéterminé, il n'y a qu'un assignat limitatif, un ou plusieurs immeubles, ou une masse d'immeubles, affectés au payement d'une somme. En conséquence, ils ne deviennent point la propriété de la communauté, ni en tout ni en partie, et le mari ne peut les aliéner en aucun cas ; il pourrait seulement, en raison de ses pouvoirs de libre administrateur, les hypothéquer jusqu'à concurrence de la somme promise.

Nous déciderons aussi qu'à la dissolution de la communauté, le conjoint de celui qui a ameubli aura le droit d'exiger la mise dans la masse d'une valeur égale à la somme promise.

L'époux qui a ameubli déterminément un immeuble, a, lors du partage, la faculté de le retenir en le précomptant sur sa part, pour le prix qu'il vaut alors (art. 1509 C. civ.).

Le passif, sous ce régime, se forme d'après les règles suivantes : Quand tous les immeubles ont été ameublis, toutes les dettes immobilières sont tombées dans la communauté ; si les immeubles présents ont seuls été ameublis, les dettes immobilières présentes sont les seules qui soient tombées en communauté ; si ce sont les immeubles futurs, toutes les dettes futures y tombent également. Enfin, si les immeubles tant présents que futurs ne sont ameublis que pour partie, les dettes immobilières ne tombent en communauté que pour portion correspondante.

SECTION IV.

De la clause de séparation de dettes.

Cette clause modifie les règles de la communauté légale, quant à la composition du passif.

Elle a pour effet d'exclure de la communauté les dettes mobilières, soit des deux époux, soit de l'un d'eux, antérieures au mariage.

En conséquence, si la communauté payait une dette de cette nature, il y aurait lieu à récompense.

Pour que cette clause puisse être invoquée contre les créanciers de l'un ou de l'autre des époux, il faut que le mobilier ait été inventorié, et constaté par un état authentique (art. 1510, 2ᵉ alinéa).

Si le mobilier n'a pas été inventorié, les dettes tomberont dans la communauté, de telle sorte que le mari pourra être poursuivi sur ses propres, même pour les dettes de la femme; la clause de séparation de dettes sera considérée comme non avenue, et à la dissolution, si la femme accepte, les dettes se poursuivront contre les deux époux chacun pour moitié (art. 1510, 2ᵉ alinéa).

S'il y a eu constatation du mobilier de l'un des époux, nous distinguerons entre les créanciers de la femme et les créanciers du mari. Les créanciers de la femme ne pourront se faire payer que sur les biens présents tombés en communauté du chef de la femme. Les créanciers du mari, au contraire, pourront se faire payer sur tous les biens de la communauté, comme le peuvent, sous la communauté légale, les créanciers de dettes immobilières contre le mari, qui cependant ne tombent pas dans la communauté.

Mais il faut se garder de croire que l'inventaire n'aura pas d'effet à leur égard; il empêche ces dettes de tomber dans la communauté, et après la dissolution, les dettes ne pourraient se poursuivre que contre le mari.

Remarquons que cette exclusion ne porte pas sur les arrérages de rentes passives et intérêts des dettes exclues, la communauté ayant la jouissance des biens propres.

La séparation des dettes peut encore résulter de la clause de franc et quitte. Cette manière de stipuler la séparation des dettes emporte également exclusion des dettes antérieures au mariage quant au capital, mais de plus la communauté ne sera pas tenue des intérêts ou arrérages ; si donc la communauté a payé ces dettes, il y a lieu à récompense, et l'autre époux pourra la prendre sur la part revenant à son conjoint, ou même sur les biens personnels de celui-ci, et enfin, *en cas d'insuffisance*, contre les père, mère, ascendant ou tuteur qui auraient déclaré le conjoint franc et quitte (art. 1513 C. civ.).

Cette garantie peut même être exercée par le mari pendant la communauté, si la dette provient du chef de la femme, sauf en ce cas le remboursement dû par la femme ou ses héritiers aux garants après la dissolution de la communauté.

SECTION V.

De la communauté à titre universel.

Lorsque les époux stipulent que tous leurs biens, tant meubles qu'immeubles, tomberont en communauté, ils se trouvent placés sous le régime de communauté universelle, et toutes leurs dettes tombent dans la communauté ; une pareille société est exorbitante du droit commun (art. 1837 C. civ.).

La loi donne le nom de régime de communauté à titre universel à la communauté que les époux établissent de tous leurs biens présents seulement, ou de tous leurs biens à venir.

SECTION VI.

De la faculté accordée à la femme de reprendre son apport franc et quitte.

Cette clause ajoute au bénéfice de la renonciation un nouveau bénéfice pour la femme, celui de reprendre ce qu'elle a apporté ; aussi l'interprétation de cette clause doit-elle être rigoureusement restreinte

quant aux objets et quant aux personnes ; ainsi la faculté accordée à la
femme de reprendre ce qu'elle a apporté, ne s'appliquera qu'au mobilier présent ; celle accordée à la femme ne profiterait pas aux enfants ;
celle accordée aux enfants ne profiterait ni aux ascendants ni aux col-
latéraux (art. 1514 C. civ.).

Dans tous les cas, les apports ne peuvent être repris que déduction
faite des dettes personnelles à la femme, payées par la communauté.

La reprise d'apport a quelque analogie avec la clause de réalisation ; aussi faut-il appliquer, pour la constatation du mobilier à reprendre, les articles 1502, al. 2 et 1504.

Mais, sous d'autres rapports, la clause de réalisation est différente ;
ainsi, dans ce cas, la femme, qu'elle accepte ou qu'elle renonce, conserve la propriété du mobilier réalisé ; dans la reprise d'apport, au
contraire, la femme acceptant, perd tout droit à cette reprise ; dans
le premier cas, la femme est préférée aux créanciers, puisque elle n'a
pas cessé d'être propriétaire ; au deuxième cas, la femme n'a qu'une
simple créance.

SECTION VII.

Du préciput.

La clause de préciput modifie les règles de la communauté légale,
en ce qu'elle donne à l'un des époux, ordinairement le survivant,
le droit de prélever, avant tout partage, soit une somme, soit une
certaine quantité d'objets mobiliers ou immobiliers.

En principe, ce droit n'existe pour la femme que si elle accepte ;
mais il peut être stipulé, même au cas de renonciation ; hors ce dernier cas, le préciput ne s'exerce que sur la masse partageable, et non
sur les biens personnels de l'époux prédécédé (art. 1515 C. civ.).

Le préciput est considéré, quant au fond, comme un avantage sujet aux règles des donations (art. 1516 C. civ.).

Quand la communauté est dissoute par la mort naturelle ou par la
mort civile, le droit au préciput est ouvert. Si la dissolution arrive
par la séparation de biens, il n'y a pas lieu à la délivrance actuelle du

préciput ; ce n'est qu'à la mort naturelle ou civile de l'un des époux que s'ouvrira le droit pour le survivant (art. 1517 C. civ.).

La séparation de corps ne donne pas lieu à l'ouverture du préciput ; mais l'époux qui l'obtient conserve seul son droit éventuel (art. 1518 C. civ.).

Si c'est la femme, et que le préciput ait été stipulé même en cas de renonciation, et qu'elle renonce en effet, le préciput n'en est pas moins provisoirement conservé au mari à charge de donner caution ; au cas d'acceptation, le partage se fera par moitié, et le mari devra donner caution pour la moitié du préciput.

Si la séparation a été obtenue contre la femme, et qu'elle renonce, on procédera comme au premier cas ; si elle accepte, le partage se fera par moitié ; mais la femme donnera caution de restituer au mari s'il survit.

On ne peut invoquer contre les créanciers la clause préciputaire, le préciput ne s'exerçant que sur l'actif net ; les créanciers pourraient donc poursuivre le préciputaire sur le préciput, sauf le recours de celui-ci contre l'autre époux ou ses héritiers.

SECTION VIII.

Des clauses par lesquelles on assigne à chacun des époux des parts inégales dans la communauté, ou la totalité de la communauté.

Trois clauses bien distinctes sont indiquées dans l'article 1520.

Dans la première, on assigne à l'un des époux ou à ses héritiers une part moindre dans la communauté.

Dans les deux autres, on n'attribue à l'un des époux qu'une somme fixe pour tout droit de communauté, ou bien on stipule que la communauté entière appartiendra à l'un des époux.

Examinons chacune de ces trois clauses.

1° Dans une société ordinaire on peut convenir que l'un des associés aura, dans l'actif, une portion différente de sa portion contributoire dans le passif ; mais les époux n'ont pas la même latitude dans leurs conventions; il leur est loisible de stipuler des parts inégales, mais sous la condition de la même contribution proportionnelle aux dettes. Toute convention contraire serait nulle; en conséquence, il y aurait lieu au partage par moitié. Le motif de cette décision est que les avantages indirects ne peuvent avoir lieu entre époux;

2° Il s'agit ici du forfait de communauté; c'est la convention par laquelle l'un des époux ou les héritiers du prédécédé n'auront droit qu'à une somme fixe (art. 1522 C. civ.).

Si on a stipulé que la totalité de la communauté appartiendrait à la femme, elle ne se trouve pas déchue pour cela du droit de renoncer; mais si elle accepte, elle ne peut pas s'affranchir de l'obligation de payer la chose promise, en offrant de s'en tenir au partage ordinaire par égales portions. Dans ce dernier cas, elle perd le bénéfice de l'article 1483, et sera tenue de payer toutes les dettes de la communauté *ultra vires* (art. 1523, 1524 C. civ.).

Quand les époux sont convenus que la communauté appartiendrait en entier au survivant, ou seulement à l'un d'eux ou à ses héritiers, cette clause doit être interprétée en ce sens, que celui qui ne peut exercer ce droit reprendra ses apports. Cette clause n'est pas réputée un avantage sujet aux règles des donations, soit quant au fond, soit quant à la forme, mais simplement une convention de mariage et entre associés (art. 1525 C. civ.).

DISPOSITIONS COMMUNES AUX RÉGIMES DE COMMUNAUTÉ.

Nous terminerons cette matière des régimes de communauté par une règle qui leur sera commune, c'est que, dans le cas où il y aurait des enfants d'un précédent mariage, toute convention qui tendrait dans ses effets à donner à l'un des époux au delà de la portion réglée par l'article 1098, sera nulle pour l'excédant; mais les simples bénéfices résultant des travaux communs et des économies faites sur les revenus respectifs, quoique inégaux des deux époux, ne sont pas considérés

comme un avantage fait au préjudice des enfants du premier lit
(art. 1496, 1527 C. civ.).

Nous voyons par cette règle que le contrat de mariage aura un double caractère, suivant qu'il y aura ou non des enfants d'un premier lit ; s'il n'en existe pas, il sera considéré comme un contrat à titre onéreux ; s'il en existe, il sera traité comme une donation. L'action en réduction, qui est donnée dans cette dernière hypothèse, appartient aux enfants du premier lit, si toutefois ils acceptent la succession.

DES CONVENTIONS EXCLUSIVES DE COMMUNAUTÉ.

Les conventions exclusives de communauté sont au nombre de trois.
1° Le régime sans communauté.
2° Le régime de séparation de biens.
3° Le régime dotal.
Nous n'avons à nous occuper que des deux premières qui formeront notre chapitre 3ᵉ et notre chapitre 4ᵉ.

CHAPITRE III.

DE LA CONVENTION PAR LAQUELLE LES ÉPOUX DÉCLARENT SE MARIER SANS COMMUNAUTÉ.

Sous ce régime, la dot consiste dans la jouissance des biens de la femme dont les fruits sont censés apportés au mari pour supporter les charges du mariage (art. 1530 C. civ.). Le mari n'en devra aucun compte à la femme ni à ses héritiers ; néanmoins, si le mari les dissipait, la femme pourrait demander la séparation de biens.

Le mari a l'administration et la jouissance de tous les biens de la femme ; il peut exercer seul toutes les actions mobilières et possessoires ; cependant, si une succession est échue à la femme, fût-elle purement mobilière, le mari, sans le concours de la femme, ne pourrait intenter qu'un partage provisionnel (art. 818 C. civ.).

Nous appliquerons à la jouissance du mari les règles de l'usufruit. Le mari acquerra les fruits naturels et industriels par la perception, et il aura le quasi usufruit des objets dont on ne peut faire usage sans les consommer ; il doit être joint alors un état estimatif ou il doit en être fait inventaire lors de l'échéance s'il s'agit de biens futurs, et le mari doit rendre compte du prix d'après l'estimation.

Si la femme n'a pas fait inventaire, elle ne pourra réclamer de meubles qu'en fournissant la preuve de sa propriété, et s'il s'agit de meubles échus pendant le mariage, il y a lieu d'appliquer les règles de l'art. 1504.

Le mari est tenu de supporter toutes les charges qui sont imposées à un usufruitier, mais il n'est pas tenu de donner caution (art. 1533, argument de l'art. 1550 C. civ.).

L'art. 1435, pour l'emploi et le remploi des biens de la femme, est applicable ici.

En qualité d'administrateur, le mari est tenu de faire les grosses réparations.

La femme peut se réserver la faculté de toucher annuellement, sur ses seules quittances, certaines parties de ses revenus pour son entretien et ses besoins particuliers (art. 1534 C. civ.).

L'inaliénabilité des immeubles constitués en dot n'est pas inhérente au régime dotal, sous l'empire duquel les parties peuvent n'avoir que des biens aliénables. Sous le régime sans communauté, bien que l'inaliénabilité ne soit pas de droit commun, les parties peuvent néanmoins l'établir (art. 1535 C. civ.).

CHAPITRE IV.

DE LA CLAUSE DE SÉPARATION DE BIENS.

La séparation de biens contractuelle ne doit pas se confondre avec la séparation de biens judiciaire.

Ce régime, comme toutes autres conventions matrimoniales, ne peut plus être modifié (art. 1395). Au contraire, les époux judiciairement séparés peuvent, en se conformant aux prescriptions de l'art. 1451 , revenir à leur premier régime matrimonial.

Une autre différence est dans la contribution aux dettes ; au cas de séparation judiciaire, elle est toujours proportionnelle aux facultés de chacun des époux, tandis qu'elle peut être fixée arbitrairement par le contrat de mariage, et qu'à défaut de stipulation expresse, la femme doit contribuer aux charges du mariage jusqu'à concurrence du tiers de ses revenus (art. 1537 C. civ.)

Quant à la capacité de la femme contractuellement séparée de biens, elle est la même que pour le cas de séparation judiciaire, et nous renvoyons aux détails que nous avons donnés sur ce point (art. 1538-1449 Cod. civ.).

Si la femme séparée laisse à son mari la jouissance de ses biens, celui-ci ne peut être considéré comme un mandataire qui doit compte de son administration et de l'emploi des fruits qu'il a perçus ; il n'est tenu soit à la dissolution du mariage, soit sur la demande de sa femme, qu'à représenter les fruits existants (art. 1578 C. civ.).

Il en serait tout autrement si la femme lui avait donné procuration de veiller à l'administration de ses biens, mais à charge de lui rendre compte des fruits. Dans ce cas il serait tenu comme tout mandataire (art. 1577 C. civ.).

Nous le déciderons encore ainsi pour le cas où le mari aurait joui des biens de la femme malgré son opposition (art. 1577-1579 C. civ.).

QUESTIONS.

Le supplément de prix fourni par l'acheteur dans le cas de l'action en rescision pour lésion, tombe-t-il en communauté sans récompense ? — Non.

Faut-il appliquer l'article 1423 à la donation d'un immeuble de la communauté, faite par le mari ? — Oui.

Lorsque l'usufruit d'un bien propre à l'un des époux a été aliéné pendant le mariage, la récompense due, par la communauté sera-t-elle de tout le prix? — Oui.

Le mari, sous le régime de communauté réduite aux acquêts, peut-il valablement aliéner les **meubles** provenant de la femme? — Non.

Dans le cas des articles 1496 et 1527, les enfants du second lit peuvent-ils intenter **l'action** en réduction à défaut des enfants du premier lit qui ont **accepté**? — Oui.